Einsterns Schwester

Schwester

leicht gemacht

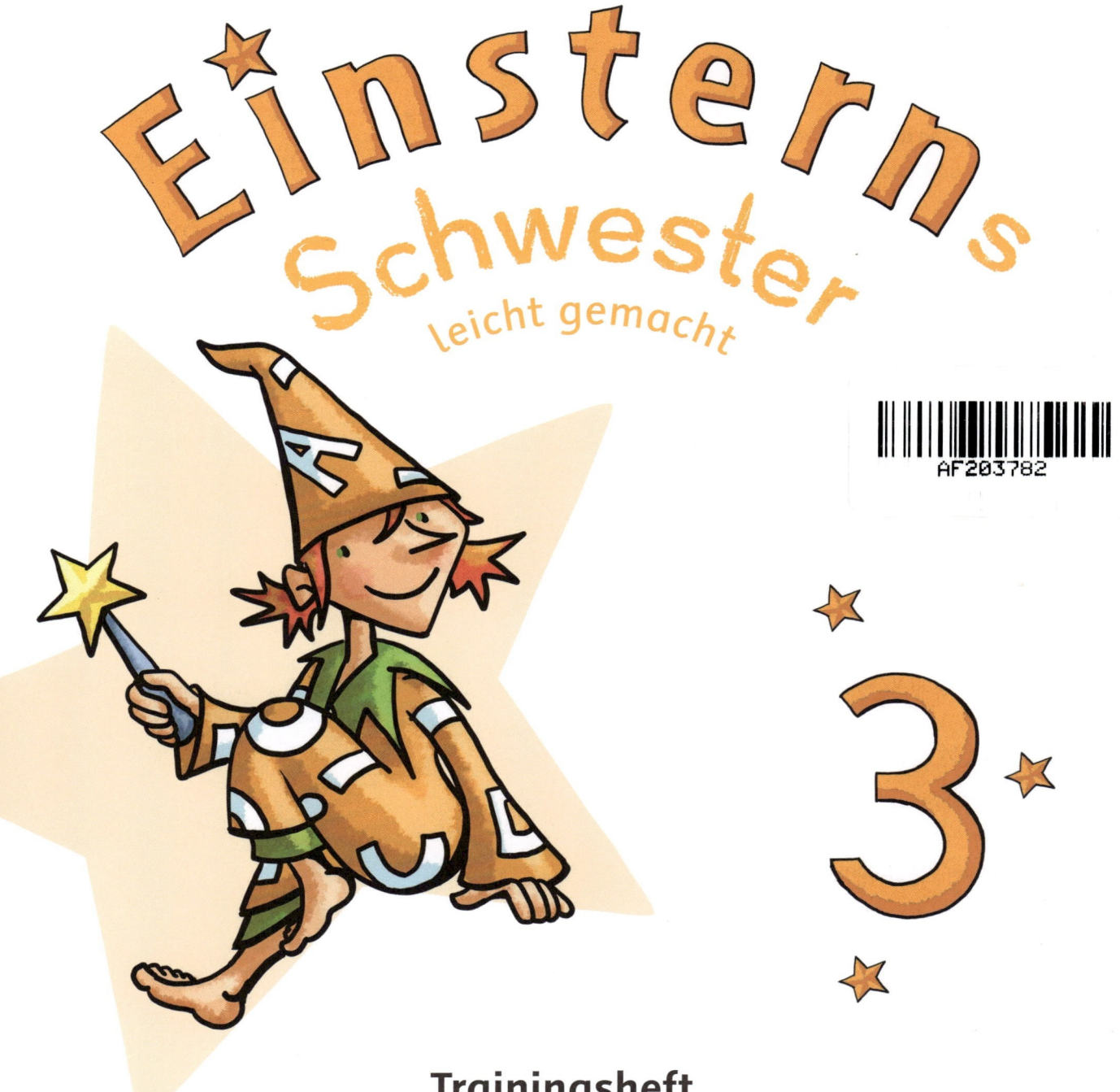

3

Trainingsheft

zum Grundwortschatz

Herausgegeben von
Roland Bauer, Jutta Maurach

Erarbeitet von
Martina Schramm

In Zusammenarbeit mit
der Redaktion Grundschule Deutsch 2–4

Cornelsen

Inhaltsverzeichnis

In diesem Heft findest du ab Seite 5 Wörter,
die du mit einer **Lernwörterkartei** üben kannst.

Du erkennst sie daran:

Für eine Lernwörterkartei brauchst du:

- einen Kasten,
- Kärtchen mit Linien,
- drei Trennkärtchen für vier Fächer.

So legst du die Kartei nach und nach an:

- Schreibe jedes Lernwort auf ein Kärtchen.

- Schreibe zu jedem Wort das Zeichen,
  das beim Üben hilft.

- Markiere wichtige Stellen im Wort.

So übst du mit den Kärtchen:

1. **Lies** das Wort auf der Karte.

2. Drehe die Karte um.

3. **Schreibe** das Wort in ein Heft.

4. **Prüfe** und verbessere.

   - Wörter, die du richtig geschrieben hast,
     rücken ein Fach weiter.

   - Wörter, die du falsch geschrieben hast,
     bleiben vorn. Du übst sie nochmals.

   - Lass dir die Wörter auch von
     einem anderen Kind diktieren.

Übe
einmal pro Woche
auch die Wörter
aus den Fächern
2, 3 und 4.

① Merke dir die Wörter jeder Stufe der Pyramide.
Schreibe die Wörter jeder Stufe auswendig
in dein Heft.

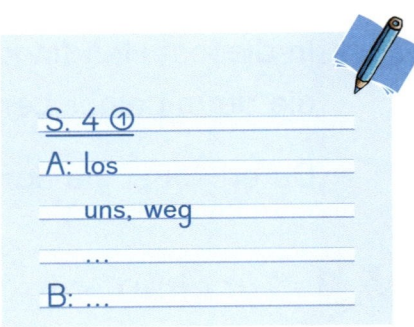

S. 4 ①
A: los
    uns, weg
    ...
B: ...

A

los

uns | weg

des | weil | zur

raus | ihm | ihn | ihr | herein

B

also

bald | denn

durch | her | selbst

heraus | deshalb | deswegen

Prüfe zum Schluss!

② Wähle Wörter aus ① aus. Schreibe eine eigene Pyramide.

① Schreibe die Verben ab. Setze Silbenbögen.
Markiere die Silbenkerne.

gefroren	besiegen	geschoben

gefroren

gebogen	gezogen	erwarten

verraten	verkaufen	verkleiden

② Hier sind die Silbenkerne vertauscht.
Schreibe die Wörter wie im Beispiel richtig auf.

der Buref ✶ der Dennor ✶ die Gubert ✶ die Helfi ✶
der Gurech ✶ die Testa ✶ der Schnepfun

der Beruf,

ꙍ antworten, bereit, einige, prüfen, schenken

① **Ergänze die Silben.**
Schreibe die Wörter in dein Heft.
Prüfe mit Silbenbögen.

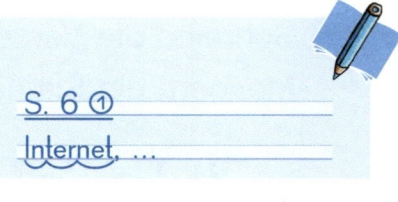

ne	burts	tof	~~ter~~

sund	gän	se	trei	heim

In **ter** net

Ge ____ tag

Kar ____ fel

Li ____ al

Ge ____ de

Ge ____ nis

Fuß ____ ger

Ge ____ heit

Fern ____ her

② **Schreibe die Sätze als Schleichdiktat.**
Prüfe mit Silbenbögen.

A Weihnachten ist im Dezember.

B Australien ist ein Kontinent.

C Zum Mittagessen machen wir Nudeln.

D Zum Abendessen gibt es Brötchen.

E Auf der Blume ist ein Schmetterling.

ω Deutschland, die Gemeinde, die Linie,
die Medien, der Unterricht

① Markiere alle Wörter mit en, el oder er am Ende mit jeweils einer Farbe.

ernten	Spiegel	Hummel	Angel	Sessel
Nabel	Schalter	schneiden	impfen	euer
Fächer	selber	Feuer	Schlüssel	trösten

② Ordne die Wörter aus ① im Heft
nach en, el, er.

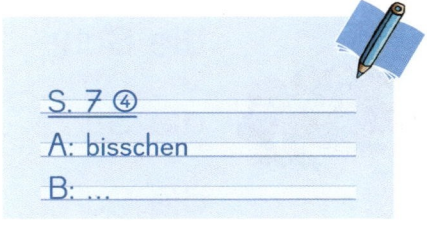

S. 7 ②+③
en: ernten, …
el: …
er: …

③ Prüfe die Wörter aus ② mit Silbenbögen.

④ Unterstreiche die Wörter mit en, el, er.
Schreibe die Wörter in dein Heft.

S. 7 ④
A: bisschen
B: …

A Die Füße sind ein bisschen kalt.

B Die Fächer unten im Regal sind voll.

C Norden und Osten sind Richtungen.

D Draußen im Garten ist eine Leiter.

E Das Gewitter kommt näher.

Es sind
11 Wörter.

◡ sel**ber**, der Sü**den**, un**ten**, we**gen**, der Wes**ten**

① Leite die Einzahl von der Mehrzahl mit **ä** oder **äu** ab.

Mehrzahl	⚡	Einzahl

die Br___**ä**___nde   ⚡   der Br___**a**___nd

die B_____lle   ⚡   der B_____ll

die D_____cher   ⚡   das D_____ch

die Dr_____hte   ⚡   der Dr_____ht

die R_____me   ⚡   der R_____m

die G_____nse   ⚡   die G_____ns

die P_____sse   ⚡   der P_____ss

die Str_____nde   ⚡   der Str_____nd

die Sp_____ße   ⚡   der Sp_____ß

die Schr_____nke   ⚡   der Schr_____nk

die Str_____cher   ⚡   der Str_____ch

die Sch_____tze   ⚡   der Sch_____tz

② Schreibe die Wörter aus ① wie im Beispiel in dein Heft.

S. 8 ②
die Brände ⚡ der Brand,
die ...

das Gebäude ⚡ bauen,   das Gepäck ⚡ packen,

das Geschäft ⚡ schaffen,   der Jäger ⚡ jagen,

die Kälte ⚡ kalt,   die Wärme ⚡ warm

1 Finde die Paare.

Schreibe wie im Beispiel.

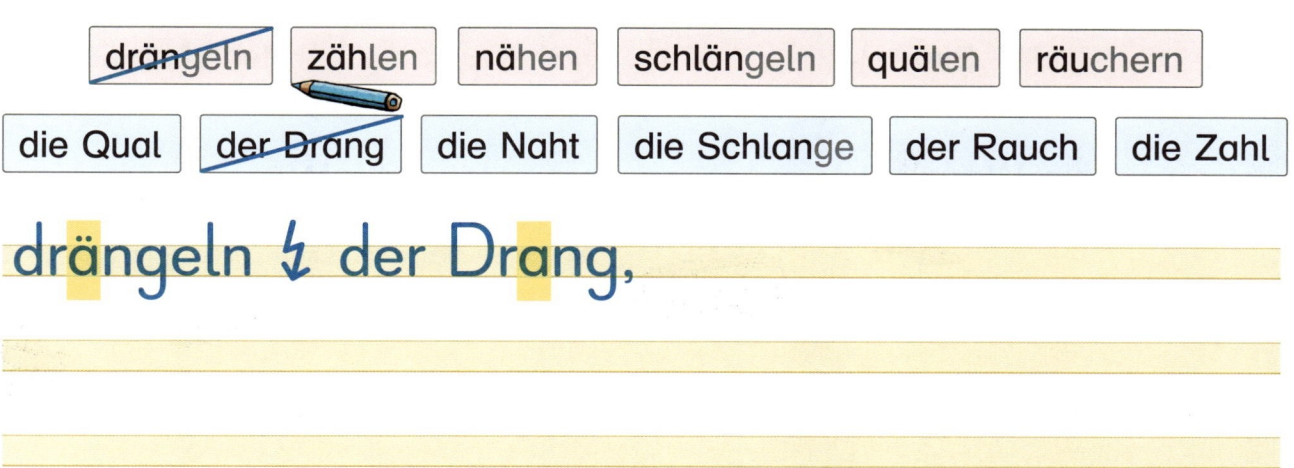

| drängeln | zählen | nähen | schlängeln | quälen | räuchern |

| die Qual | der Drang | die Naht | die Schlange | der Rauch | die Zahl |

drängeln ⇵ der Drang,

2 Leite ab. Schreibe wie im Beispiel.

| bläulich | erkältet | schwärzen | bräunlich | die Nässe |

| schäumen | jährlich | erklären | glänzen |

bläulich ⇵ blau,

ändern ⇵ anders,   ergänzen ⇵ ganz,

häufig ⇵ der Haufen,   säen ⇵ die Saat,   stärken ⇵ stark

① Markiere den passenden Buchstaben.
Bilde dazu die Mehrzahl.

Einzahl		Mehrzahl

die Wan[d/t] ↪ die Wän_**d**_e

der Zu[g/k] ↪ die Zü____e

das Flugzeu[g/k] ↪ die Flugzeu____e

das Geschen[g/k] ↪ die Geschen____e

der Ber[g/k] ↪ die Ber____e

das Pake[d/t] ↪ die Pake____e

der Hel[d/t] ↪ die Hel____en

der Grun[d/t] ↪ die Grün____e

② Schreibe die Wörter aus ① wie im Beispiel
in dein Heft.

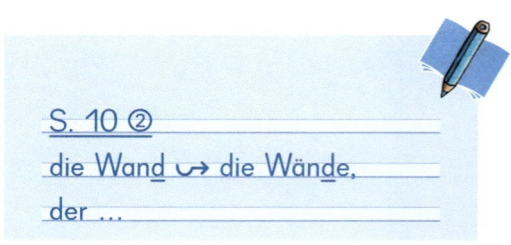

S. 10 ②
die Wand ↪ die Wände,
der ...

die Erwartung ↪ die Erwartungen,   der Mittag ↪ die Mittage

① Finde die Paare.

Schreibe im Heft wie im Beispiel.

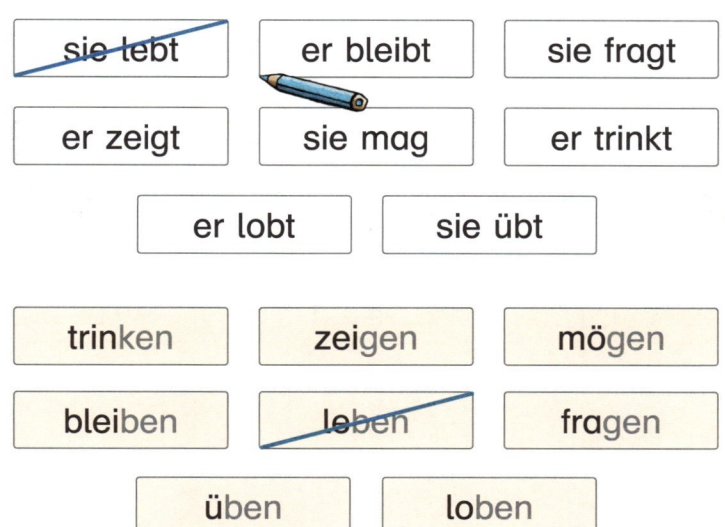

sie lebt	er bleibt	sie fragt
er zeigt	sie mag	er trinkt
er lobt	sie übt
trinken	zeigen	mögen
bleiben	leben	fragen
üben	loben

S. 11 ①
sie lebt ↪ leben,
er ...

Sie lebt
leitest du ab
von **leben**.

② Verlängere die markierten Wörter.

Schreibe wie im Beispiel.

| A | Die Mutter ist **blond**.

| B | Die Seife ist **flüssig**.

| C | Der Mann ist **geizig**.

| D | Das Kind ist **blind**.

| E | Das Wetter ist **windig**.

| F | Der Lehrer ist **gesund**.

| G | Der Hund ist **lieb**.

S. 11 ②
A: blond ↪ die blonde Mutter
B: ...

kräftig ↪ die kräftige Frau,   traurig ↪ der traurige Mann,
er legt ↪ legen,   es wird ↪ werden,   sie zeigt ↪ zeigen

① Ergänze die Wörter.

🟥 = ll   🟨 = mm   🟩 = nn   ⬜ = tt

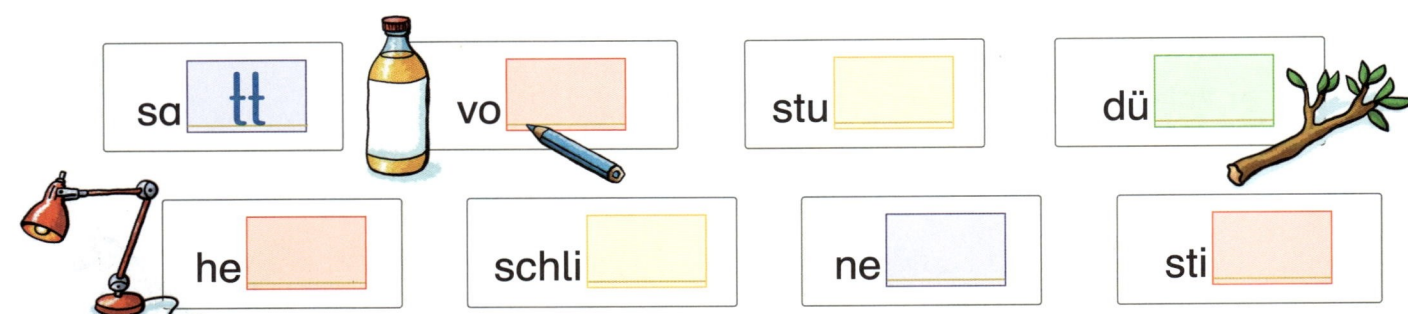

sa **tt**   vo ⬜   stu ⬜   dü ⬜

he ⬜   schli ⬜   ne ⬜   sti ⬜

② Verlängere die Wörter aus ①.
Schreibe im Heft wie im Beispiel.

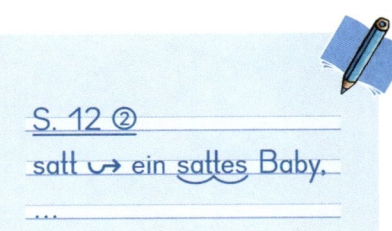

S. 12 ②
satt ↪ ein sattes Baby.
...

③ Verlängere die markierten Wörter.
Schreibe im Heft wie im Beispiel.

S. 12 ③
A: Herr ↪ die Herren
B: ...

A   Herr Kuzu steht an der Ampel.

B   Im Fluss sind Fische.

C   Tim holt einen Schwamm.

D   Ein Pass ist ein Ausweis.

E   Die Nuss ist hart.

F   Auf einem Schiff schaukelt es.

der Schall ↪ schallen,   der Tipp ↪ tippen

① Markiere die Wörter mit **St** und **Sp** mit zwei Farben.

der Strom	der Stoff	der Stolz	die Strafe
der Sturm	die Spitze	die Sprache	der Sprung
die Stärke	der Stiel	die Spinne	der Streifen

② Ordne die Wörter aus **①** im Heft.

S. 13 ②
St: der Strom, der …
Sp: die Spitze, …

③ Unterstreiche die Verben mit **st** oder **sp**.
Schreibe sie auf. Unterstreiche **st** und **sp**.

Diebe stehlen oft Dinge.

stehlen

Tim und Imo spazieren zum Hafen.

_____

Frau Sommer will ein Regal streichen.

_____

Die Menschen strömen in die Arena.

_____

Die Bäume spiegeln sich im See.

_____

Kinder sollte man stärken.

_____

Auf einem Trampolin kann man springen.

_____

die Sprache, die Stirn, stolz, streng, stürmisch

① Bilde die Verben mit den Vorsilben ver und vor.
Setze Silbenbögen.

ver	brauchen	gleichen	einen
	schmutzen	stehen	trauen
	doppeln	schwinden	suchen

vor	kommen	sagen	schreiben
	nehmen	stellen	gehen
	schlagen	fahren	tragen

verbrauchen,

M verrückt, verwandt, der Verwandte, vielleicht,
vollständig, der Vorname, vorwärts

① Setze einen Punkt (.) unter den kurzen Vokal.
Unterstreiche den langen Vokal (__).
Ordne die Nomen im Heft in eine Tabelle ein.

S. 15 ①

kurzer Vokal	langer Vokal
Wurst	Hut
...	...

Hut	Wurst	Tod	Kraft
Film	Gras	Pilz	Mensch
Glanz	Fest	Chor	Zug
Schaf	Flut	Kunst	Qual

② Schreibe zu jedem Muster das passende Wort.
Setze einen Punkt unter den kurzen Vokal.

blond | dicht | wild | scharf | alt | jung | krank | schlecht

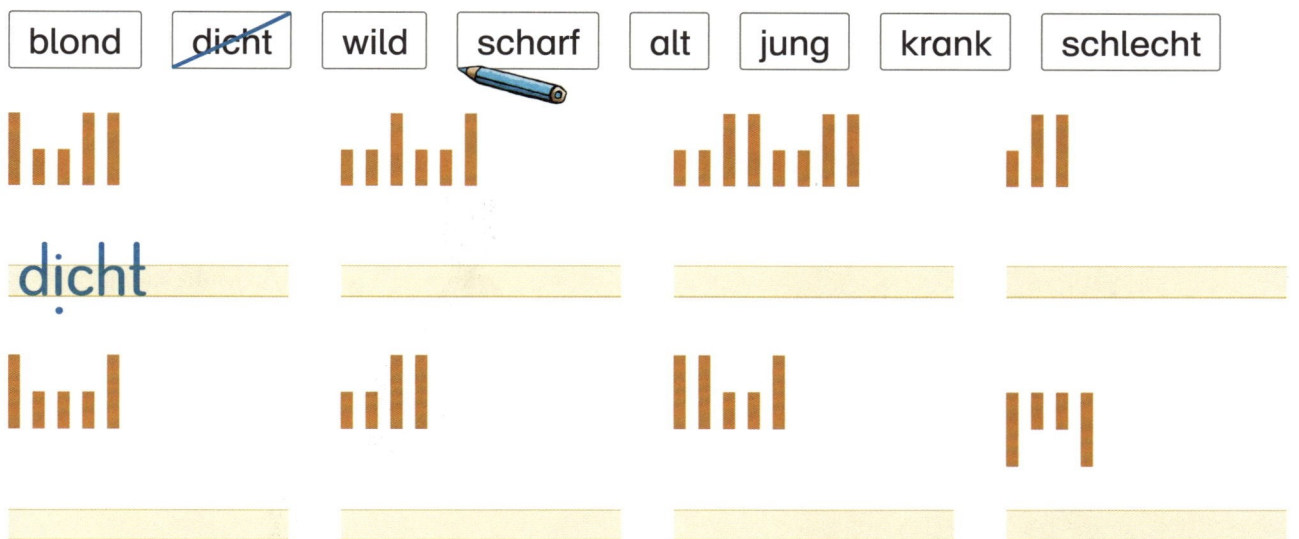

dicht

der Durst, elf, der Glanz, das Herz, die Luft, der Wunsch

① Ergänze die Wörter.

◻ = ll ◻ = mm ◻ = nn ◻ = ss

Kna **ll**

geschlo____en

eri____ern

Mü____

Bi____

gewo____en

pa____en

besti____t

ke____en

verge____lich

Ba____

pa____ieren

a____es

zusa____en

Me____er

do____ern

② Schreibe die Wörter aus ① in dein Heft.
Markiere wie im Beispiel.

S. 16 ②
Knall, ...

③ Schreibe die Sätze ab. Unterstreiche die Wörter
mit doppeltem Konsonanten.

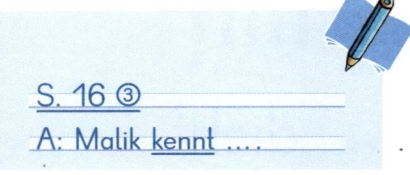

S. 16 ③
A: Malik kennt ....

A   Malik kennt nette Leute in Hessen.

B   Der Müll passt bestimmt in die Tonne.

C   Bei Ebbe geht das Wasser zurück.

D   Lola ist vergesslich und vergisst den Schlüssel.

aufpassen, hoffentlich, innerhalb, das Interesse, klappen

① Verbinde passend.

| der Blick | der Dreck | der Wecker | der Druck | der Fleck | die Ecke |

| wecken | fleckig | blicken | dreckig | eckig | drücken |

② Schreibe die Paare aus ① wie im Beispiel auf.

der Blick – blicken

③ Ergänze die Sätze.

| dreckig | Wecker | Fleck | eckig | Dreck | Ecke |

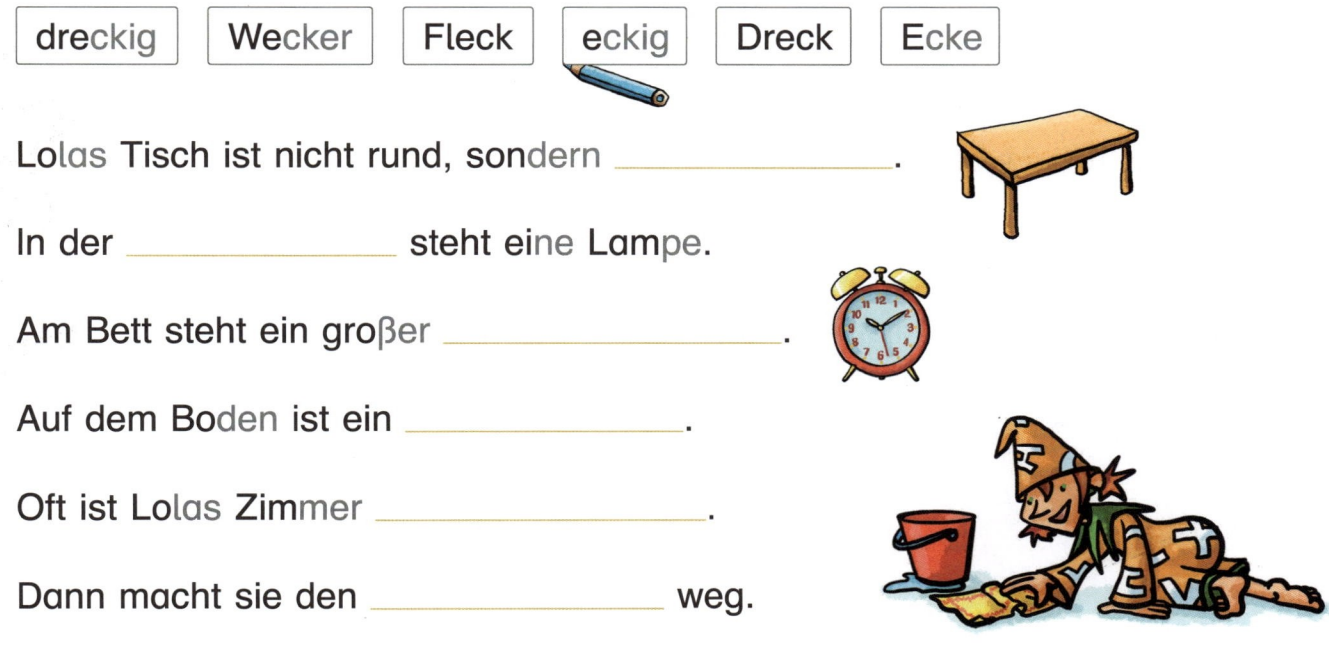

Lolas Tisch ist nicht rund, sondern _____ .

In der _____ steht eine Lampe.

Am Bett steht ein großer _____ .

Auf dem Boden ist ein _____ .

Oft ist Lolas Zimmer _____ .

Dann macht sie den _____ weg.

der Geschmack, nicken, der Rock, schmecken, das Stück

① Schreibe zu jedem Muster das passende Wort mit tz. Markiere wie im Beispiel.

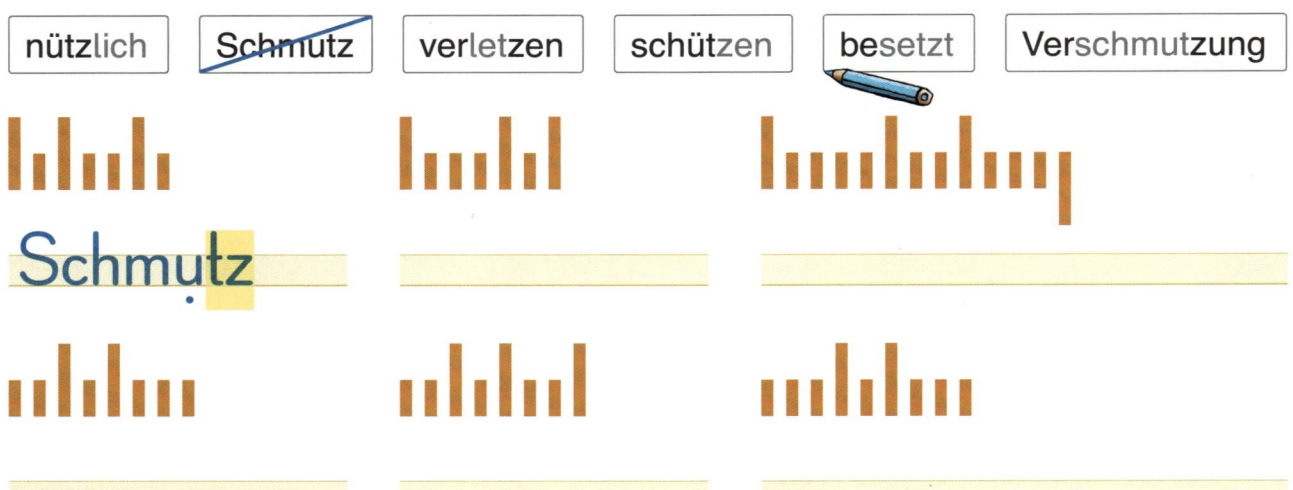

nützlich | Schmutz | verletzen | schützen | besetzt | Verschmutzung

Schmutz

② In jedem Rahmen sind zwei Reimwörter. Kreise sie ein.

Spatz ★ Blitz ★ Satz ★ putzen   Schatz ★ blitzen ★ Netz ★ sitzen

nutzen ★ spitz ★ beschmutzen ★ witzig

motzen ★ kratzen ★ Witz ★ glotzen

flitzen ★ spritzen ★ letzter ★ Glatze

Vor **tz** steht ein kurzer Vokal.

③ Schreibe die Reimwörter aus ② wie im Beispiel auf.

Spatz – Satz

jetzt, nützlich, der Schutz, schützen, zuletzt

1 Ordne die Wörter nach dem Alphabet.

| **S**chnur | **O**stern | **A**xt | **K**leber | **R**adio |

Axt,

| **P**flicht | **d**eutlich | **h**eimlich | **B**remse | **a**ngeln |

| **V**orsicht | **H**eide | **we**nig | **J**ugend | **U**hu |

2 Kreuze die Reihen an, die richtig nach
dem Alphabet geordnet sind. Schreibe sie ab.

Achte auf den
**zweiten und dritten
Buchstaben!**

○ | fein | fertig | flüssig | Frucht |
○ | Erlebnis | endlich | Europa | Eltern |
○ | wechseln | weinen | Wissen | wohl |
○ | Zeichen | Zensur | zukünftig | zwölf |

der Lärm, das Laub, die Natur, neben

① Verbinde die Grundformen mit den Formen in der Vergangenheit.

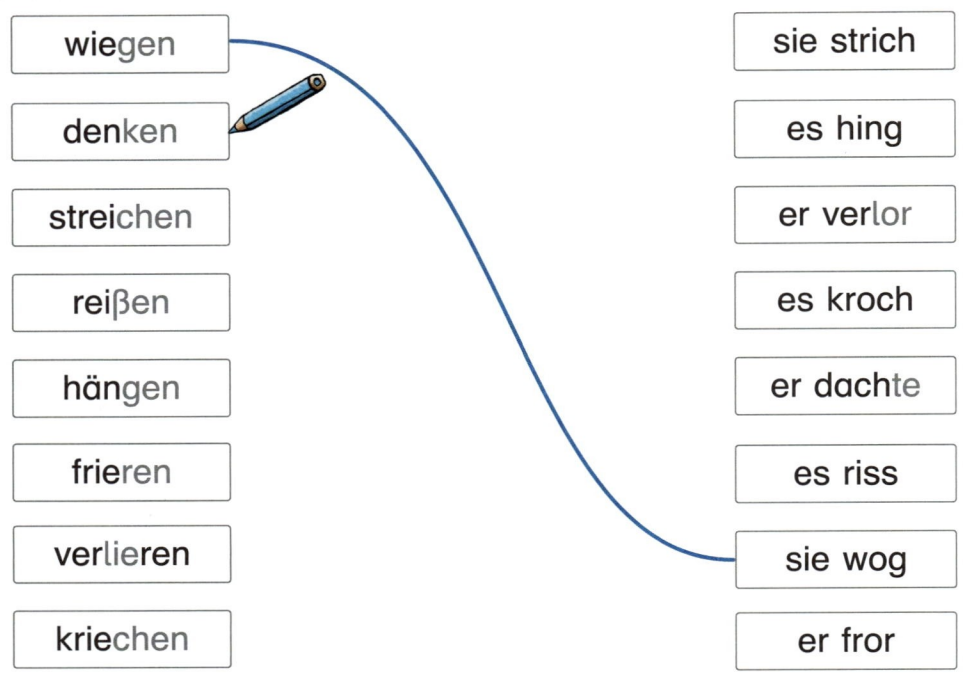

wiegen	sie strich
denken	es hing
streichen	er verlor
reißen	es kroch
hängen	er dachte
frieren	es riss
verlieren	sie wog
kriechen	er fror

② Schreibe die Wörter aus ① wie im Beispiel in dein Heft.

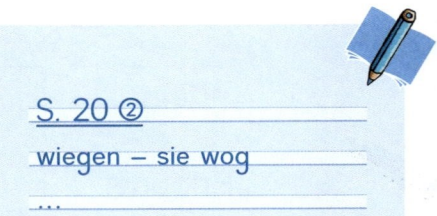

S. 20 ②

wiegen – sie wog

...

③ Suche die Vergangenheit der Verben im Wörterbuch. Schreibe die Wörter und die Seitenzahlen auf.

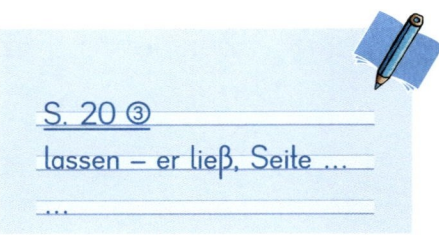

S. 20 ③

lassen – er ließ, Seite ...

...

lassen   gewinnen   streiten

verbieten   wissen   geschehen

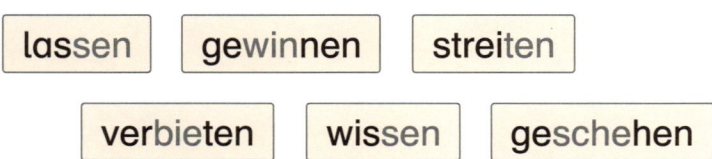

dürfen – sie darf,   schlafen – es schläft,   treffen – du triffst

① Schreibe die Nomen richtig auf.

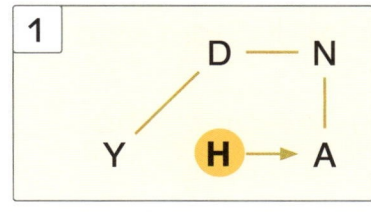

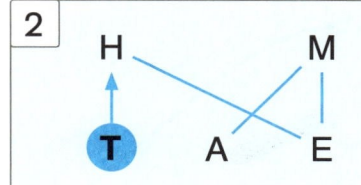

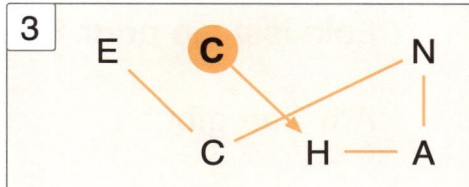

Handy

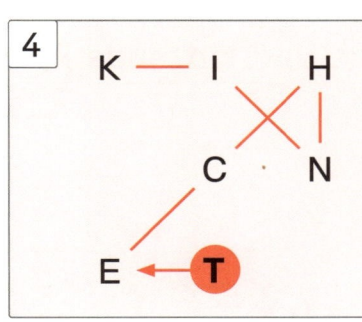

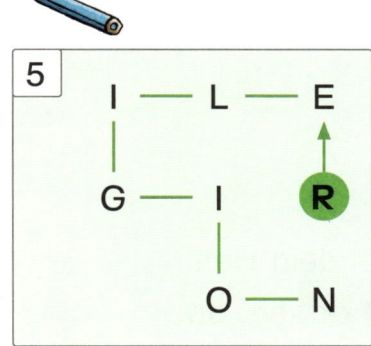

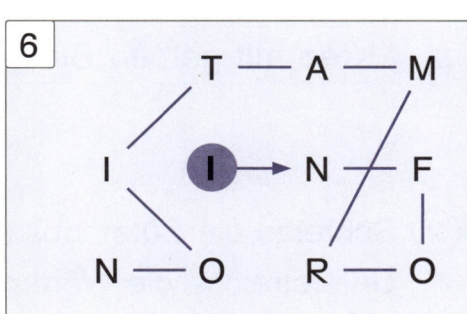

② Ergänze die Wörter aus ① passend.

Eine _____ ist eine Gelegenheit.

Das Wort _____ bedeutet auch Glaube.

Mit einem _____ kann man telefonieren.

Texte haben ein bestimmtes _____.

Wissen nennt man _____.

In Autos steckt viel _____.

 **M** fair, die Pyramide, das Thema, der Zylinder

① Verbinde die Teile passend.

Lola isst ein p**aa**r B**ee**ren	blüht im Juni am M**ee**r.
Am S**ee** gibt es	gut im feuchten M**oo**r.
Im großen S**aa**l sind	aus dem B**ee**t im Garten.
Das M**oo**s wächst	auch einen schönen Z**oo**.
Kl**ee** mit gelben Blüten	Tische und tanzende P**aa**re.

② Schreibe die Sätze aus ① in dein Heft.
Unterstreiche die Wörter mit aa, ee, oo.

S. 22 ②
Lola isst ein paar …

③ Schreibe die Merkwörter ab.
Markiere die Merkstellen.

Chef   **Ta**blet   m**ai**len   sur**f**en

Te**dd**y   **Ch**or   Pi**zz**a   **Cl**own

Chef,

M   das B**oo**t, der **Ch**or, d**oo**f, l**ee**r, der S**aa**l, die W**aa**ge

① Schreibe die Paare auf.
Markiere das stumme **h**.

| ~~stehlen~~ | kühlen  | wohnen | bohren | fehlen | mahlen |

| er wohnt | sie mahlt | es fehlt | es kühlt | ~~er stiehlt~~ | sie bohrt |

stehlen – er stiehlt

② Ergänze die Sätze.
Markiere das stumme **h**.

| bezahlen | führen | kühlen | erzählen | mahlen | ~~fehlen~~ |

In der Schule **fehlen** einige Kinder.

Körner kann man fein _____.

Im Laden muss man alles _____.

Getränke muss man im Sommer _____.

Opa kann gut Geschichten _____.

Hunde muss man oft an der Leine _____.

> Bilder kann man **malen**.
> Körner für Brot kann man **mahlen**.

> **M** befehlen – sie befiehlt, erzählen – er erzählt,
> fahren – er fährt, stehlen – sie stiehlt

① Schreibe die Reimwörter wie im Beispiel auf.

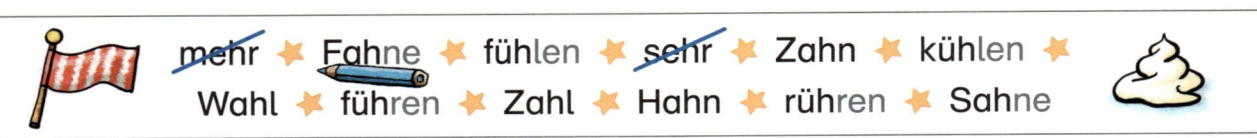

mehr – sehr,

② Ordne die Wörter in der Einzahl und Mehrzahl zu.
Markiere wie im Beispiel.

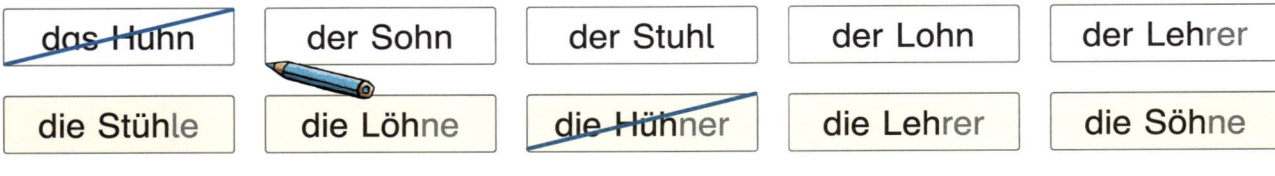

| das Huhn | der Sohn | der Stuhl | der Lohn | der Lehrer |
| die Stühle | die Löhne | die Hühner | die Lehrer | die Söhne |

das Huhn – die Hühner,

③ Schreibe zwei lustige Sätze mit diesen Wörtern.

| A | Ohr ✷ zehn ✷ wohnen |
| B | Uhr ✷ Fehler ✷ zählen |

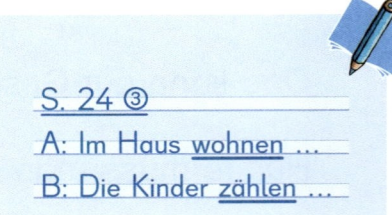

S. 24 ③
A: Im Haus wohnen ...
B: Die Kinder zählen ...

M die Bahn, ehrlich, froh, hohl, kühl, der Lohn, nah

① Löse das Rätsel.
Schreibe die Wörter auf.

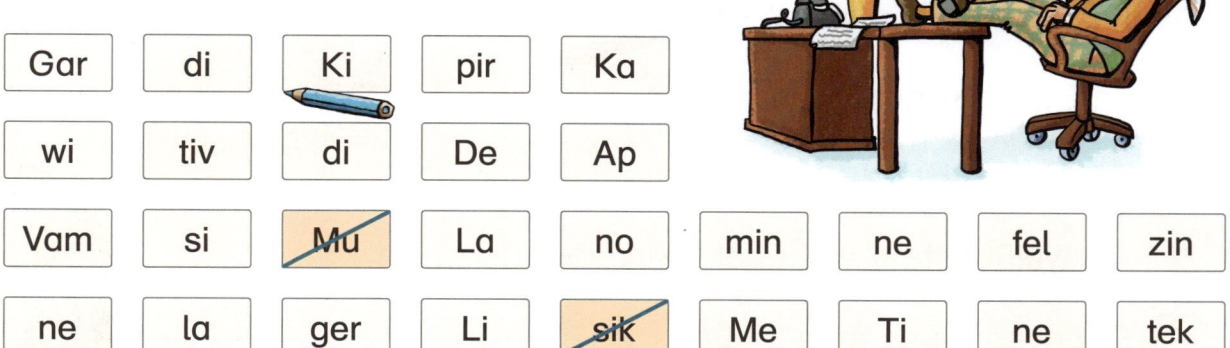

Gar	di	Ki	pir	Ka
wi	tiv	di	De	Ap

Vam	si	Mu	La	no	min	ne	fel	zin
ne	la	ger	Li	sik	Me	Ti	ne	tek

1	schöne Töne in einem Lied	**Musik**
2	dort kann man Filme sehen	
3	ein Wesen aus dem Film	
4	man nimmt sie, wenn man krank ist	
5	sie hängt am Fenster	
6	ein offener Ofen mit Feuer	
7	eine Farbe aus Rot und Blau	
8	einer, der Verbrecher sucht	
9	eine Raubkatze	
10	ein anderes Wort für die Orange	
11	Schnee, der von einem Berg fällt	

M der Biber, das Kilogramm, minus, prima

1 Lies die Sätze. Unterstreiche die Wörter mit ß.

A Im Winter hat man oft kalte Füße.

B Im Sommer genießen wir Eis.

C Der große Hund fraß eine Wurst.

D Du weißt schon viel über Merkwörter.

E Pflanzen muss man gießen.

F Türen sollte man leise schließen.

G Der Mann vergaß den Termin.

H Die Frau hieß wie die Mutter.

I Er ließ ein Kind an der Kasse vor.

> Wörter mit ß
> sind Merkwörter.

2 Schreibe die Wörter mit ß aus ① in dein Heft.
Markiere ß.

S. 26 ②
A: Füße
B: ...

3 Schreibe Sätze mit den Wörtern
aus jedem Rahmen.

A	Straße ⭐ Spaß	B	Fuß ⭐ äußerlich

C	heiß ⭐ genießen	D	Floß ⭐ groß

E	gießen ⭐ sie vergaß

S. 26 ③
A: Es macht Spaß,
auf der Straße mit
dem Rad zu
fahren.
B: ...

M außen, gießen, das Maß, schließen, schließlich

① Schreibe die Nomen mit dem Artikel richtig auf.

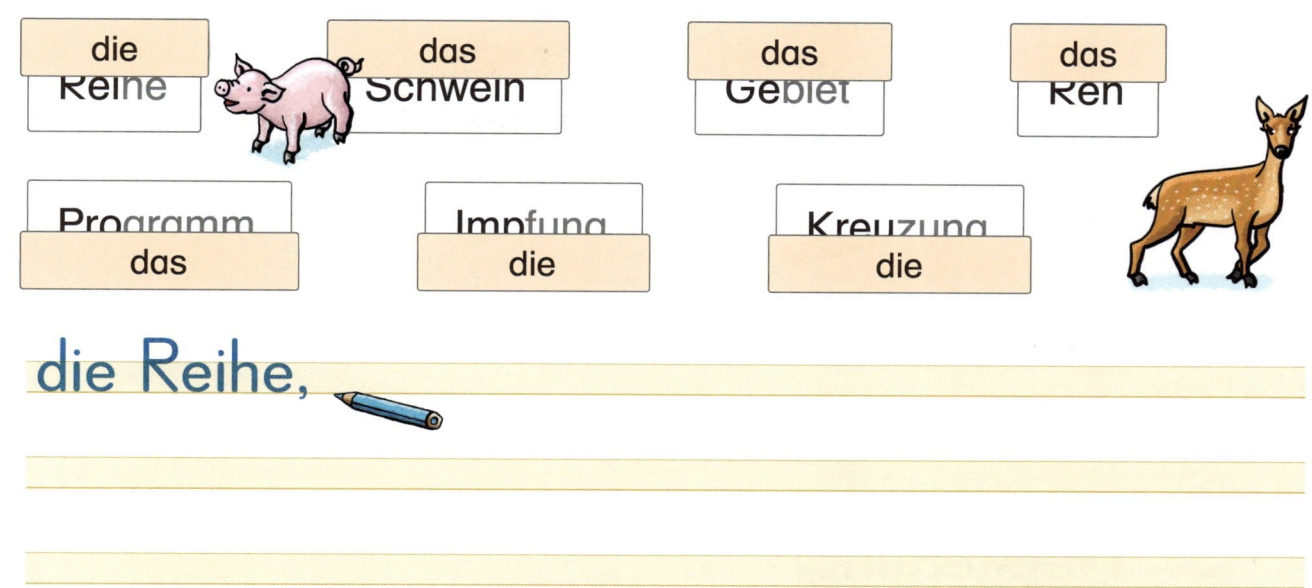

| die | das | das | das |
| Reihe | Schwein | Gebiet | Ren |

| Programm | Impfung | Kreuzung |
| das | die | die |

die Reihe, _____

_____

_____

② Lies die Sätze. Markiere die Nomen.

A   DAS **KIND** LEGT DIE ZEICHNUNG IN DIE MAPPE.

B   FÜR DIE ÜBUNG GIBT DIE LEHRERIN DAS BEISPIEL VOR.

C   DAS MÄDCHEN KLEBT DIE MARKE AUF DIE KARTE.

③ Schreibe die Nomen aus ② mit dem Artikel in dein Heft.

S. 27 ③
A: das Kind, …
B: …

der Bürger, der Geiz, der Rasen, der Samen

 ① Überlegt, welche Strategie euch dabei hilft,
die markierte Stelle richtig
zu schreiben. Schreibt jedes Wort
zum passenden Zeichen.

Prüft genau!

> Herstellung ✶ kälter ✶ boxen ✶ bewegt ✶ Party ✶ loslassen ✶
> tausend ✶ Thermometer ✶ nummerieren ✶ kränker ✶ wild ✶
> schärfer ✶ Kätzchen ✶ Schwimmbad ✶ gewachsen ✶ weggehen ✶
> Länge ✶ gefressen ✶ Fußbälle ✶ begonnen ✶ Schreibtisch

ᴍ Herstellung,

bekommen, trotzdem, überqueren, ungefähr **M**

1 Beweise, welches Wort jeweils richtig geschrieben ist.
Leite ab ⚡ oder verlängere ↪ .

A Malik ist manchmal ängstlich / engstlich.

ängstlich ⚡ Angst

B Tim pflekt / pflegt oft die Pferde.

pflegt ↪ pflegen

C Rani kann lenger / länger tauchen als Bente.

D Der Vogel auf der Straße ist tod / tot.

E Heute ist es wermer / wärmer als gestern.

F Am Dienstak / Dienstag kommen die Freunde.

G Oma wessert / wässert die Blumen.

H Eichen haben herteres / härteres Holz als Tannen.

I Alle Wörter sollen richtig / richtik geschrieben sein.

Hier sind **Lolas Tipps** für dich.

1. **Sprich** beim Schreiben
   in Silben leise mit.

 Gewitter

2. Überlege: groß
   oder klein?

   | **K**atze oder **k**atze? |

   Die Katze – **die Katzen**,
   die **schwarze** Katze –
   also groß.

3. Überlege: d oder t, g oder k,
   b oder p am Ende?

   | Wan**d** oder Wan**t**? |

   Ich **verlängere**:
   Wände –
   also Wand.

4. Überlege: ä oder e,
   äu oder eu?

   | Gl**ä**ser oder Gl**e**ser? |

   Ich **leite ab**:
   Gläser von Glas –
   also mit ä.

5. Überlege: ein oder
   zwei Konsonanten?

   | Be**tt** oder Be**t**? |

   Nach einem
   kurzen Vokal folgen
   meist zwei Konsonanten.
   Also: Bett.

① Wähle zehn oder mehr Wörter aus diesem
Heft aus, bei denen Lolas Tipps helfen.
Schreibe sie auf. Markiere die schwierige Stelle
und notiere das Strategiezeichen.

S. 30 ①

Mit **Lolas Tipps** kannst du die Merkwörter üben.

1. **Kim-Spiel** mit Merkwörtern
   aus der Lernwörterkartei:
   Wähle drei oder mehr Merkwörter aus.
   Lies die Wörter und drehe die Kärtchen um.
   Schreibe sie auswendig auf.

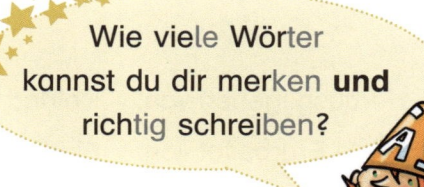

Wie viele Wörter kannst du dir merken **und** richtig schreiben?

2. Nimm schwierige Merkwörter
   als **Audio-Datei** auf. Du kannst sie
   abspielen und als Diktat üben.

Ich schreibe Merkwörter auch gern am Computer und gestalte sie.

3. Schreibe schwierige Merkwörter
   in bunten Farben.

4. **Übe mit einem Kind.**
   Ein Kind **schreibt**
   mit dem Finger ein
   Merkwort **auf den Rücken**
   eines anderen Kindes.
   Das Partnerkind schreibt
   das Wort auf ein Blatt und
   markiert die Merkstelle.

① Wähle einige Merkwörter aus diesem Heft aus.
Übe sie mit Lolas Tipps allein oder mit einem Kind.

Trainingsheft
zum Grundwortschatz

Herausgegeben von:	Roland Bauer, Jutta Maurach
Erarbeitet von:	Martina Schramm in Zusammenarbeit mit der Redaktion Grundschule Deutsch 2–4
Redaktion:	Kristina Fischer, Sabine Gerber, Milena Lemke
Illustration:	Yo Rühmer, Frankfurt am Main
Umschlag:	Cornelia Gründer, Corngreen GmbH, Leipzig (Gestaltung); Yo Rühmer, Frankfurt am Main (Illustration)
Layout:	lernsatz.de
Technische Umsetzung:	Corngreen GmbH, Leipzig

www.cornelsen.de

1. Auflage, 1. Druck 2025

Alle Drucke dieser Auflage sind inhaltlich unverändert
und können im Unterricht nebeneinander verwendet werden.

© 2025 Cornelsen Verlag GmbH, Mecklenburgische Str. 53, 14197 Berlin, E-Mail: service@cornelsen.de

Druck: Athesiadruck GmbH, Bozen

ISBN 978-3-464-81377-5 (Trainingsheft zum Grundwortschatz leicht gemacht, Verbrauchsmaterial)

PEFC-zertifiziert
Dieses Produkt
stammt aus
nachhaltig
bewirtschafteten
Wäldern und
kontrollierten Quellen
PEFC
PEFC/18-31-166   www.pefc.de